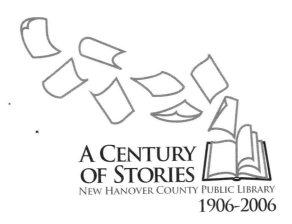

A CENTURY OF STORIES

NEW HANOVER COUNTY PUBLIC LIBRARY

1906-2006

¡GATOS SALVAJES!
DE NORTE AMÉRICA

EL PUMA

Por Jalma Barrett
Fotografías por Larry Allan

BLACKBIRCH®
PRESS

San Diego • Detroit • New York • San Francisco • Cleveland • New Haven, Conn. • Waterville, Maine • London • Munich

For more information, contact
The Gale Group, Inc.
27500 Drake Rd.
Farmington Hills, MI 48331-3535
Or you can visit our Internet site at http://www.gale.com

Photo Credits: All images © Larry Allan, except for page 17 © Bob and Clara Calhoun/Bruce Coleman Inc.; page 18 (top and bottom) © E&P Bauer/Bruce Coleman Inc.; page 19 © Tom Brakefield/Bruce Coleman Inc.; page 21 © Bruce Coleman Inc.

LIBRARY OF CONGRESS CATALOGING-IN-PUBLICATION DATA

Barrett, Jalma.
  [Cougar. Spanish]
  El Puma/text by Jalma Barrett : photographs by Larry Allan
      p. cm. — (Gatos Salvajes de Norte America)
  Includes bibliographical references (pg. 24) and index.
  Summary: Describes the cougar and its natural habitat, including physical traits, social life, survival instincts, birth and development, and interaction with humans.
  ISBN 1-41030-012-9 (lib. bdg. : alk. paper)
  1. Cougar — Juvenile literature. [1. Cougar.] I. Allan, Larry, ill. II. Title. III. Series: Barrett, Jalma. Wildcats of North America.

QL737.C23B2655   2003
599.75'24 —dc21

Printed in United States
10 9 8 7 6 5 4 3 2

Contenido

Introducción —El puma: Nuestro gato más grande

Tiene varios nombres: *león americano, león de la montaña, tigre rojo, puma.* Pero no importa lo que se nombra—es el mismo animal magnífico. Entre sus nombres el más antiguo es *puma*, el cual le dieron los indígenas inca de América del Sur. Es probable que haya más de 50,000 pumas que hoy día habitan América del Norte. En toda América el puma tiene mayor habitación que cualquier otro gato montés. Los pumas habitan el Canadá, Estados Unidos, México, América Central y América del Sur. Aun se encuentran en el extremo sureño de Argentina, una zona llamada Patagonia. En ninguna parte del mundo existe otro mamífero, con excepción del ser humano, que tenga habitación tan extensa desde el sur haste el norte.

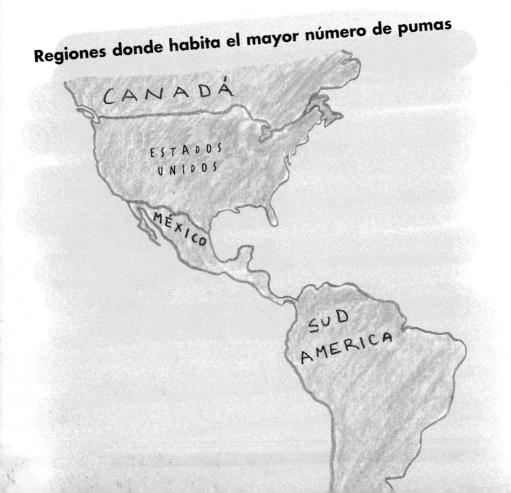

Regiones donde habita el mayor número de pumas

El puma también
se llama león
americano, león
de la montaña y
tigre rojo.

5

El medio ambiente del puma

En general los pumas viven en áreas montañosas. Pero también viven en regiones semiáridas (secas) y en bosques tropicales. Algunos, como la pantera de Florida, aun viven en pantanos. En América del Norte, los pumas principalmente habitan zonas occidentales: en el Canadá, en Colombia Británica y Alberta; en Estados Unidos, en Oregon, California, Colorado, Nuevo México, Montana, Wyoming, Washington, y en el oeste de Texas. Además, habitan la mayor parte de México. Los pumas pueden *migrar* (moverse según la estación del año) de su hábitat en la sierra en invierno para perseguir venados y otras presas.

¿Cómo se llama este gato?

En inglés el nombre más común del puma es "cougar". Se llama "puma" también en inglés pero con mucho menos frecuencia.

Empleados de un zoológico en Arizona metieron un "cougar" en un embalaje para enviarlo por avión a otro zoológico. En la etiqueta del embalaje identificaron el contenido como "cougar". La aerolínea rehusó enviarlo.

—Está prohibido enviar un "cougar" — dijo un funcionario de la aerolínea. —¡Es demasiado peligroso!

Tratando de resolver su problema, los empleados del zoológico identificaron el contenido del embalaje de otra manera. Esta vez la aerolínea aceptó el animal. Escrita en la nueva etiqueta estaba la palabra "p-u-m-a".

Para el puma un terreno rocoso
es un hábitat excelente.

El cuerpo del puma

Las características fisicas del puma varían de hábitat en hábitat. Por ejemplo, la pantera de Florida pesa entre 75 y 80 libras (34 y 36 kilogramos). Sin embargo, ¡los pumas en el Canadá pueden pesar hasta 275 libras (125 kilogramos)!

La cabeza del puma parece pequeña. En realidad se ve pequeña porque el cuerpo del puma es tan enorme y poderoso. La cola, que tiene una punta negra, es muy larga. Puede medir desde 21 pulgadas (53 centímetros) hasta más de 3 pies (1 metro). Las orejas son cortas, redondeadas y oscuras en el exterior. El adulto es de color rubio rojizo, con pintas oscuras en la cabeza. El puma tiene piernas largas y fuertes. Las zarpas son grandes. A pesar de ser inmenso, el puma es un animal ágil.

Izquierda: El puma se conoce por sus zarpas grandes y su cola con punta negra.
Opuesto: Cuando el puma corre, sus zarpas delanteras y traseras bajan casi en el mismo sitio.

Las huellas del puma son bastante redondeadas. En sus huellas se ven los cuatro dedos inferiores de cada zarpa, pero no se ven las garras. Cuando el puma camina, sus garras generalmente están *retraídas,* o recogidas. La huella de su zarpa delantera mide unas 4 pulgadas (10 centímetros) de largo; la de su zarpa trasera mide un poco menos. Cuando el puma corre dando saltos, sus zarpas delanteras y traseras bajan casi en el mismo sitio. En la nieve sus huellas se ven más grandes, y a veces—cuando la nieve está profunda—su cola deja una huella entre las huellas dejadas por sus zarpas.

Vida social

La mayoría del tiempo el puma vive solo. A veces el territorio de un macho y el de una hembra se superponen. El macho pasa mucho tiempo marcando los límites de su territorio. Una señal de su presencia son montoncitos de tierra, que él ha excavado con sus zarpas traseras. A veces el puma junta un montoncito de hojas u otro material y luego orina sobre él para dejar una señal territorial olfatoria. Otra manera suya de dejar señales es hacer arañazos largos sobre las partes altas de troncos de árboles. Además, el puma deja *heces* (excrementos) como señal olfatoria. En algunos casos cubre las heces ligeramente de tierra, en otros casos no las cubre. Si están cubiertas, las marcas que hizo el puma escarbando tierra indican en qué dirección él andaba. Los gatos siempre miran hacia la dirección de su andar mientras escarban tierra.

El puma—como todos los gatos—se asea. En general lo hace en un orden específico. Empieza lamiéndose la zarpa preferida y luego usa esa zarpa como trapito en la cara y detrás de las orejas.

El puma pasa mucho tiempo marcando tierra y árboles dentro de su territorio.

Después se lame la otra zarpa delantera, limpiando el costado opuesto. Luego se lame cada hombro y cada pata trasera. Después se lame los costados y luego las patas traseras. Termina limpiándose la cola. Los gatos mascotas siguen esta misma rutina de aseo. Cuando hace calor la evaporación de la saliva en su pelaje refresca el cuerpo entero del puma.

Cazador experto

El puma caza *acechando* y *emboscando* su presa. Es decir, se esconde y luego ataca la presa desprevenidamente. El puma caza sobre tierra con más frecuencia. Pero también caza desde rocas altas, acantilados bajos o árboles. Tiene una excelente habilidad para saltar y es buen trepador. Puede brincar 30 pies (9 metros) en un solo salto. Puede subir a las ramas de un árbol dando un salto de 18 pies (5.5 metros). Pasa por los árboles con rápidez y facilidad. Puede caer 65 pies (20 metros) y darse con la tierra sin lastimarse.

En ocasiones el puma espera pasar a su presa para emboscarla. El puma persigue su presa lenta y sigilosamente. Al prepararse para el salto, su vientre está casi pegado a la tierra. Intenta mantener una distancia de menos de 30 pies (9 metros) mientras acecha su presa. Cuando está suficientemente cerca de su víctima, se lanza contra ella. El puma puede correr en un silencio casi total, en parte porque en cada zarpa hay una almohadilla gruesa de pelaje.

Antes de dar un salto, un gato se apoya en las patas traseras.

Acechando su presa, un gato montés se agacha.

El puma mantiene sus patas traseras en el suelo para darse apoyo y estabilidad al lanzarse encima del lomo de su presa. Luego le muerde la nuca. Se dice que algunos pumas han matado un oso o bisonte de esta manera con una sola mordedura.

El venado con cola blanca es el alimento preferido del puma, y a corta distancia el puma puede correr más deprisa que él. El puma también come castores, coyotes, ovejas, cabras, puercos espines, mapaches, pecaríes (puercos silvestres), ratones, conejos y liebres, aves y aún saltamontes.

En áreas donde los venados son abundantes, el puma mata quizá un venado por semana. No puede comer el venado entero de una vez. Para conservar los restos, los oculta con una ligera capa de hojas y palitos.

Acechando una presa por la nieve.

Otro día volverá para comer más. Esa comida guardada es una reserva. Puede que vuelva a esa reserva varias veces durante los próximos días.

Los pumas tienen una posición importante en la cadena alimenticia de la naturaleza. Ayudan a mantenerla en equilibrio. Por ejemplo, ayudan a evitar que el número de venados incremente demasiado. De esta manera habrá suficiente alimentación en el hábitat de los venados.

El puma prefiere cazar al atardecer y al amanecer. En áreas tranquilas, lejos de poblaciones de humanos, puede cazar de día. En áreas donde hay gente, el puma caza sólo de noche para evitar contacto con ella. Buscando comida, el puma macho puede viajar 25 millas (40 kilómetros) en una sola noche. No es excepcional su sentido del olfato; por eso, generalmente localiza sus presas usando la vista o el oído.

Arriba, en medio, abajo: Este puma devora un alce, víctima de una avalancha.

Apareamiento

Los pumas se emparejan sólo en el momento de aparearse. Llegado este momento, pasan unas 2 semanas cazando y durmiendo juntos. Luego se separan. La actividad sexual del macho empieza alrededor de los 2 años. Pueden reproducirse hasta cumplir por lo menos 20 años. La hembra madura a los 3 años más o menos y puede reproducirse hasta la edad de 12 años. La hembra se aparea una vez cada 2 años. Los pumas no tienen una estación del año específico para aparearse, como la tienen otros gatos monteses.

Al buscar una pareja, el puma emite un sonido semejante a un aullido. Este sonido puede compararse con el de un lloro fuerte de una mujer. El puma también gruñe o silba cuando se enoja.

Igual al gato mascota y al lince, el puma puede ronronear. Todos estos animales tienen *huesos hioides* a la base de la lengua. Estos huesos están en forma de "U". El aire, al ser impulsado a través de ellos, vibra haciendo un ronroneo. Los gatos ronronean cuando se sienten tranquilos y contentos. Sin embargo, el puma no puede rugir. Leones, tigres y leopardos—gatos que rugen—tienen una tira de hueso flexible (cartílago) sobre sus huesos hioides. Con esta estructura pueden rugir, pero no pueden ronronear continuamente, sino sólo cuando exhalan.

Los machos y las hembras se juntan por aproximadamente 2 semanas en el período de apareamiento.

Cachorros

El puma hembra tiene camadas de 1 a 6 cachorros. Los cachorros nacen usualmente en el verano, de 82 a 98 días después del apareamiento de los padres. El macho no ayuda en su crianza. Al nacer, los cachorros no pueden ver y pesan alrededor de 14 onzas (397 gramos)—el tamaño de un gatito mascota de 6 semanas de edad. Los cachorros nacen en una guarida de maternidad, la cual es una cueva u otro refugio. Los cachorros tienen una cola anillada y un colorido amarillo pálido con manchas negras. A los 6 meses de edad, ya no tienen manchas.

Pocas semanas después de nacer, los cachorros se ponen a explorar—bajo la vigilancia de su madre. Ella los *desteta* a los 3 meses. Es decir, deja de amamantarlos. Sin embargo, no pasan hambre.

A las 6 semanas los cachorros comen carne y exploran sus alrededores independientemente.

Desde que cumplían 6 semanas de edad su madre les ha traído carne. A los 3 meses los cachorros empiezan a cazar con su madre.

Los pumas se comunican entre sí vocalizando y lamiéndose y frotándose uno al otro. La madre pia como pájaro a sus cachorros—a veces suavemente, ¡otras veces tan fuertemente hasta para molestar los tímpanos! A menudo los cachorros responden con fuertes píos suyos. También maullan, igual a un gato mascota.

Trepando árboles y jugando con otros cachorros, el cachorro aprende las destrezas necesarias para la caza.

La pantera de Florida: ¡Especie en peligro de extinción!

En el pasado la pantera de Florida tenía una distribución desde la parte sureña del río Mississippi hasta la costa del Atlántico. Hoy día existen solamente 40 ó 50 panteras de Florida adultos en la naturaleza.

La pantera de Florida, el puma más pequeño, se está aproximando la *extinción* con rápidez. En otras palabras, va desapareciendo. ¿Por qué? Su hábitat ha sido severamente reducido por los humanos.

Una pantera macho adulto requiere un territorio que abarca entre 200 y 300 millas cuadradas (518 y *777* kilómetros cuadrados) para obtener suficiente alimentación. Necesita estar en un hábitat aislado (escondido), donde tendrá poco o ningún contacto con humanos. Tanta gente se ha mudado a Florida que la mayoría del hábitat de la pantera se ha convertido en áreas de residencias, negocios y otros lugares para actividades humanas.

El Servicio de Pesca y Vida Silvestre de Estados Unidos, el Sistema Nacional de Parques, la Comisión de Animales de Caza y de Pesca de Agua Dulce de Florida, y el Departamento de Protección del Ambiente de Florida han iniciado un programa de recuperación de la pantera. Para aprender más acerca de esos gatos reservados, empleados de estas agencias están poniéndoles un collar con transmisor. Con el objetivo de incrementar el número de panteras reproductores, se introdujeron ocho pumas de Texas en la región. Esos animales y las panteras de Florida son del parentesco más cercano posible. Las hembras de Texas han parido varios cachorros en Florida, lo cual pueda indicar un futuro más prometedor para estos animales maravillosos.

A través del juego los cachorros aprenden a cazar. Como práctica, saltan sobre la cola ondulante de su madre y la agarran. O tal vez saltan encima de una hoja y la atrapan. A veces esperan para emboscar otro cachorro de la manada. Además, la madre da golpecitos con una zarpa a pedazos de carne antes de dejar que sus cachorros los coman; se lo hace para animarlos a "cazar". Cuando sean más grandes, los cachorros observan a su madre cazar. Con paciencia la madre los enseña, dando el ejemplo y demostrándoles cómo corregir sus errores. Todo esto es preparación para su vida de adulto. Así aprenden a acechar y atacar presas.

A los 3 ó 4 meses de edad, los cachorros han aprendido mucho de su madre sobre la caza.

El puma y el hombre

El número de pumas en América del Norte está disminuyendo. Esta baja es debida principalmente a la caza del puma por su único depredador: el ser humano. Es posible que se deba también a la desaparición, en algunas áreas, de la fuente principal de alimentación del puma—el venado con cola blanca. Además, los lobos atacan sus cachorros. En pocos casos los pumas han herido o matado a personas. Pero suelen evitar contacto con humanos.

Para garantizar la supervivencia de los pumas, los humanos deben dejarlos en paz.

Entre 1986 y 1996 pumas atacaron a humanos en California 9 veces. Probablemente los ataques sucedieron porque más gente está poblando los territorios del puma. Sólo 3 ataques fueron registrados en California en los 100 años antes de 1986. En algunas áreas se han contratado cazadores para matar pumas. Estas personas tienen la idea equivocada de que los pumas amenazen el ganado. En lugares donde presas naturales existen en abundancia, los pumas no molestan animales domesticados. En áreas donde los pumas son escasos, la ley los protege. Desafortunadamente, en áreas donde hay muchos pumas, este gato es clasificado como "animal de caza".

Como todos los animales que habitan la Tierra, el puma necesita nuestra protección y respeto. Si le permitimos que viva en paz, el puma seguirá siendo uno de los animales más ágiles y más majestuosos de la naturaleza.

Datos sobre el puma

Nombre: Puma

Nombre científico: Felis concolor

Altura del hombro: 24 a 28 pulgadas (61 a 71 centímetros)

Longitud del cuerpo: 51 a 71 pulgadas (13 a 20 metros)

Longitud de la cola: 21 a 37 pulgadas (53 centímetros a 1 metro)

Peso: 75 a 275 libras (36 a 125 kilogramos)

Colorido: Rubio rojizo, sin manchas

Madurez sexual: Hembras a 3 años; machos a 2 años

La hembra se aparea: Una vez cada 2 años

Gestación (período de embarazo): 82 a 98 días

Camada: 1 a 6 cachorros (generalmente 2 ó 3)

Vida social: Solitario

Alimento preferido: Venado con cola blanca

Hábitat: Montañas, pero también regiones semiáridas, bosques subtropicales y tropicales, y pantanos en el oeste del Canadá, el oeste de Estados Unidos, Florida y en México

Glosario

acechando Siguiendo una pista o cazando de manera sigilosa, generalmente en persecución de una presa.

destetar Dejar de dar de mamar la madre a su cría.

emboscando Escondiéndose y luego dando ataque.

extinción Desaparición.

heces Desechos del cuerpo.

hueso hioide Hueso en forma de "U" situado a la base de la lengua.

migrar Moverse de un área a otra según la estación del año y las fuentes de alimentación.

retraídas Recogidas.

Para más información

Funston, Sylvia. *Eastern Cougar* (Endangered Animal series). San Diego, CA: Owl Communications, 1992.

Hodge, Deborah. *Wild Cats: Cougars, Bobcats and Lynx.* Ontario: Kids Can Press, 1997.

Perry, Phyllis J. *The Snow Cats* (First Books—Animals series). Danbury, CT: Franklin Watts, 1997.

Stone, Lynn M. *Cougars* (Early Bird Nature Books). Minneapolis, MN: Lerner Publications Company, 1997.

Índice

ML

7/06